Para

com votos de paz.

CB009675

Divaldo Franco
Pelo Espírito
Joanna de Ângelis

Momentos de Meditação

EDITORA LEAL

SALVADOR
6. ED. – 2024

©(1988) Centro Espírita Caminho da Redenção
Site: https://mansaodocaminho.com.br
Edição: 6. ed. – 2024
Tiragem: 3.000 exemplares (milheiros: 37.800)
Coordenação editorial: Lívia Maria C. Sousa
Revisão: Adriano Mota · Lívia Maria C. Sousa · Plotino da Matta
Capa: Cláudio Urpia
Editoração eletrônica e programação visual: Ailton Bosco
Coedição e publicação: Instituto Beneficente Boa Nova

PRODUÇÃO GRÁFICA
LIVRARIA ESPÍRITA ALVORADA EDITORA – LEAL
E-mail: editora.leal@cecr.com.br
DISTRIBUIÇÃO: INSTITUTO BENEFICENTE BOA NOVA
Av. Porto Ferreira, 1031, Parque Iracema. CEP 15809-020
Catanduva-SP.
Contatos: (17) 3531-4444 | (17) 99777-7413 (WhatsApp)
E-mail: boanova@boanova.net
Vendas on-line: https://www.livrarialeal.com.br

Dados Internacionais de Catalogação na Publicação (CIP)
(Catalogação na fonte)
BIBLIOTECA JOANNA DE ÂNGELIS

F825   FRANCO, Divaldo Pereira. (1927)
       Momentos de meditação. 6. ed. / Pelo Espírito Joanna de Ângelis [psicografado por] Divaldo Pereira Franco, Salvador: LEAL, 2024.
       132 p.
       ISBN: 978-65-86256-47-5
       1. Espiritismo 2. Meditação 3. Psicografia
       I. Divaldo Franco II. Título

CDD: 133.93

Bibliotecária responsável: Maria Suely de Castro Martins – CRB-5/509

DIREITOS RESERVADOS: todos os direitos de reprodução, cópia, comunicação ao público e exploração econômica desta obra estão reservados, única e exclusivamente, para o Centro Espírita Caminho da Redenção. Proibida a sua reprodução parcial ou total, por qualquer meio, sem expressa autorização, nos termos da Lei 9.610/98.
Impresso no Brasil | Presita en Brazilo

SUMÁRIO

	Momentos de meditação	7
1.	Recorre à meditação	13
2.	Educação integral	19
3.	Reto pensar	25
4.	*Ego* e Eu	31
5	Conquistas	37
6.	Ciência do bem-viver	43
7.	Ascetismo	49
8.	Conhecimento para a ação	55
9.	Arte e ciência de ajudar	61

10.	Sintonia moral	67
11.	O significado da vida	75
12.	Resguarda-te na paz	81
13.	Questão de consciência	87
14	Deus e o homem	93
15.	Como seguirás	99
16.	Necessidades reais	105
17.	Permanece confiante	111
18.	Segue	117
19.	Ante paixões	123
20.	Oração de intercessão	127

A vida moderna, rica de divertimentos e pobre de espiritualidade, arrasta o homem para o exterior, para os jogos dos sentidos, em detrimento da harmonia que lhe deve constituir a base para quaisquer outras realizações, sem a qual ruem todas as suas construções, sempre efêmeras na sua realidade aparente.

Sucessivas ondas de alucinados são jogadas nas praias do mundo, logo seguidas pelas dos deprimidos, ansiosos, insatisfeitos, como a denunciar a falência dos valores ético-morais do momento e das ambições tecnológicas que não felicitaram a criatura humana.

O descalabro e o absurdo campeiam, à solta, ao lado da corrupção de todo matiz, desenfreada, conspirando contra os ideais de nobreza, de justiça e de harmonia da Vida.

Há uma vaga imensa de descrença do homem pelo homem e uma terrível indiferença pelo amanhã, arrojando os indivíduos na corrente do desespero público ou mal controlado, em ameaça crescente contra a cultura, a civilização, a família, o matrimônio, o amor...

◆

É verdade que surgem, na grande noite, estrelas luminíferas diminuindo a trágica sombra, numa demonstração de que o amor é imbatível e o bem jamais será asfixiado nas malhas espessas do mal.

Constituem portos de abrigo, ao mesmo tempo tornam-se bússolas que apontam o rumo, chamando grande número de indivíduos a uma mudança imediata de comportamento mental e moral.

Corporificando-se no mundo, suas vozes convidam à razão, à reflexão e demonstram a excelência da paz e os bens que esta propicia a quem se lhe deixa penetrar.

Já não há alternativa: a paz ou o desespero!

Por intuição e lógica, o homem sente que está destinado à grandeza para a qual avança.

Os impedimentos atuais são-lhe desafio que lhe cumpre vencer, e o logrará com algum esforço e dedicação.

✦

Este pequeno livro, que não acrescenta muito ao que já se escreveu sobre o assunto, é mais uma contribuição para aqueles que estejam cansados do nadaísmo e anelam pela renovação íntima, passo inicial para lograrem a harmonia.

São momentos de meditação.

Não são regras adrede estabelecidas.

Nem exercícios de maceração ou sacrifício.

São colocações simples e oportunas, de fácil aplicação e imediatos resultados positivos.

◆

Apresentamos esta modesta obra, neste dia, homenageando O Livro dos Espíritos, *de Allan Kardec, que foi publicado em Paris, e surgiu como diretriz de segurança e felicidade, a 18 de abril de 1857.*

Augurando ao caro leitor a paz de que necessita, rogamos a Jesus que nos abençoe e nos faça felizes.

Joanna de Ângelis

Salvador, 18 de abril de 1988.

1
Recorre à meditação

O homem que busca a realização pessoal inevitavelmente é impelido à interiorização.

Seu pensamento deve manter firmeza no ideal que o fascina, e a fé, de que logrará o êxito, impulsiona-o a não se intimidar diante dos impedimentos que o assaltam na execução do programa ao qual se propõe.

A meditação torna-se-lhe o meio eficaz para disciplinar a vontade, exercitando a paciência com que vencerá cada dia as tendências inferiores nas quais se agrilhoa.

◆

Meditar é uma necessidade imperiosa que se impõe antes de qualquer realização.

Com essa atitude, acalma-se a emoção e aclara-se o discernimento, harmonizando-se os sentimentos.

Não se torna indispensável que haja uma alienação, em fuga dos compromissos que lhe cumpre atender, em face das responsabilidades humanas e sociais, mas que reserve alguns espaços mentais e de tempo, a fim de lograr o cometimento.

◆

Começa o teu treinamento meditando diariamente num pensamento do Cristo, fixando-o pela repetição e aplicando-o na conduta através da ação.

Aumenta, a pouco e pouco, o tempo que lhe dediques, treinando o inquieto

Momentos de meditação • 15

corcel mental e aquietando o corpo desacostumado.

Sensações e continuadas comichões que surgem, atende-as com calma, a mente ligada à ideia central, até conseguires superá-las.

A meditação deve ser atenta, mas não tensa, rígida.

Concentra-te, assentado comodamente, não, porém, o suficiente para amolentar-te e conduzir-te ao sono.

Envida esforços para vencer os desejos inferiores e as más inclinações.

Escolhe um lugar asseado, agradável, se possível, que se te faça habitual, enriquecendo-lhe a psicosfera com a qualidade superior dos teus anelos.

Reserva-te uma hora calma, em que estejas repousado.

Invade o desconhecido país da tua mente, a princípio reflexionando sem censurar, nem julgar, qual observador equilibrado diante de acontecimentos que não pode evitar.

Respira, calmamente, sentindo o ar que te abençoa a vida.

Procura a companhia de pessoas moralmente sadias e sábias, que te harmonizem.

Dias haverá mais difíceis para o exercício. O treinamento, entretanto, se responsabilizará pelos resultados eficazes.

Não lutes contra os pensamentos. Conquista-os com paciência.

Tão natural se te tornará a realização que, diante de qualquer desafio ou problema, serás conduzido à ideia predominante em ti, portanto, a de tranquilidade, de discernimento.

Momentos de meditação •

Gandhi jejuava em paz, por vários dias, sem sofrer distúrbios mentais, porque se habituara à meditação, à qual se entregava nessas oportunidades.

E Jesus, durante os quarenta dias de jejum, manteve-se em ligação com o Pai, prenunciando o testemunho no Getsêmani, quando, entregue em meditação profunda, na qual orava, deixou-se arrastar pelas mãos da injustiça para o grande testemunho que viera oferecer à Humanidade.

2
Educação integral

A importância da educação transcende ao que lhe tem sido atribuído, em face do imediatismo dos objetivos que os métodos aplicados perseguem.

A falta de estrutura moral do educador – isto é, do equilíbrio psicológico e afetivo, das noções de responsabilidade e dever, da abnegação em favor do aprendiz, da paciência para repetir a lição até impregnar o ouvinte, sem irritação nem reprimenda, e do amor – constitui fator adverso ao êxito do empreendimento que é base de vida na construção do homem integral.

Quando se educa, são canalizados os valores latentes no indivíduo para o seu progresso, fornecendo os recursos que facultam a germinação dessas potências que dormem no cerne do ser.

Educar é libertar com responsabilidade e consciência de atitudes em relação ao educando, a si mesmo, ao próximo e à Humanidade.

Quando se reprimem e se impõem condicionamentos pela violência, uma reação em cadeia provoca a irrupção da revolta, que explode em atos de agressividade que asselvaja.

A tarefa da educação é, sobretudo, de iluminação de consciência, mediante a informação e a vivência do conhecimento que se transmitem.

Momentos de meditação • 21

Quem educa evita a manifestação da delinquência e do desequilíbrio social, estabelecendo metas de promoção da vida.

A punição significa falência na área educativa.

A repressão representa insegurança educacional.

A reprovação demonstra fracasso metodológico.

◆

O educando é *material* maleável, que aguarda modelagem própria para fixar os caracteres que conduzem à perfeição.

O educador cria hábitos, estimula atitudes, desenvolve aptidões, conduz. É o guia hábil e gentil, ensinando sempre pela palavra e pelo exemplo, não se cansando nunca do ministério que abraça.

A escola é o prosseguimento do lar, e este é a escola abençoada na qual se fixam os valores condizentes com a dignidade e o engrandecimento ético-moral do ser.

◆

A educação é fenômeno presente em todas as épocas. O pajé que ensina, o guru que orienta, o mestre que transmite lições são educadores diversos através dos tempos.

A verdadeira educação ocorre no íntimo do indivíduo, sendo um processo verdadeiramente transformador.

Qual semente que sai do fruto e semelhante à vida que esplende saindo da semente, quando os fatores são-lhe propícios, a educação é mecanismo semelhante da vida a serviço da Vida.

É certo que o homem se apresenta imperfeito por enquanto, todavia é potencialmente perfeito, e à educação compete o papel de desenvolvê-lo.

A divina semente que nele jaz, a educação póe-na a germinar.

Sempre se educa e se sai educado, quando se está atento e predisposto ao ensino e à aprendizagem.

Todos somos educadores e educandos, conscientemente ou não.

A educação, porém, há que ser integral, do homem total.

Jesus, o Educador por Excelência, prossegue, paciente, amando-nos e educando-nos, havendo aceitado apenas o título de Mestre, porque, em verdade, O é.

Pessoas bem-intencionadas acreditam que algumas ações boas lhes bastam para a paz de consciência no mundo, e a conquista do *Reino dos Céus* logo depois.

Entre nada fazer e algo realizar, é sempre melhor o bem produzir. Todavia, a ação generosa, periódica, não é suficiente para equilibrar os valores humanos no campo de batalha da personalidade em detrimento do ser real em si mesmo.

O homem se torna aquilo que cultiva no pensamento.

A vida mental irregular, geradora de mil conflitos e disparates, não fica anestesiada em face da ingerência de alguns atos de solidariedade ou mesmo de beneficência.

O reto pensar é o método único para atingir o reto atuar.

Somente o pensamento bem direcionado impede que germinem as sementes da perturbação mental geradora dos tormentos que procedem dos vícios ancestrais.

O esforço para insistir no reto pensar preenche os espaços do pensar mal ou não pensar, ambos do agrado da ociosidade e da acomodação.

Mediante o reto pensamento, o homem se descobre, também, agindo retamente.

✦

Inclina tua mente para o mais saudável.

Não te faças fiscal do lixo moral da sociedade, nem te permitas coletar os detritos do pessimismo como da vulgaridade.

De maneira nenhuma censures o teu próximo, especialmente quando este se encontre ausente.

Busca os valores positivos que existem nos outros e aprimora aqueles em ti existentes.

Sê equânime no teu foro íntimo e nas tuas expressões exteriores.

Fala menos e reflexiona mais em torno do amor.

Insiste nas ideias que estimulam a vontade a tornar-se forte quão disciplinada.

Planeja a ascensão e pensa sobre ela, raciocinando a respeito da perda de tempo com as ilusões e futilidades.

Supera o temor de qualquer natureza com a confiança de que nenhum mal de fora poderá fazer-te mal se estiveres bem interiormente, e que somente te sucederá o que venha a contribuir para a tua paz e progresso espiritual.

◆

Jesus realizou na Terra os mais admiráveis fenômenos de que se tem notícia e demonstrou a mais elevada qualidade de amor que jamais alguém, no mundo, ofereceu às criaturas. Todavia, o Seu reto pensar foi a causa do Seu reto agir, o que O fez Modelo para ser seguido em todas as épocas.

A batalha mais difícil de ser travada ocorre no teu mundo íntimo.

Ninguém a vê, a aplaude ou a censura.

É tua. Vitória ou derrota pertencerá a ti em silêncio.

Nenhuma ajuda exterior poderá contribuir para o teu sucesso, ou conjuntura alguma te levará ao fracasso.

◆

Os inimigos e os amigos residem na tua casa interior e tu os conheces.

Acompanham-te; desde há muito estás familiarizado com eles, mesmo quando te obstinas por ignorá-los.

Eles te induzem a glórias e a quedas, a atos heroicos e a fugas espetaculares, erguendo-te às estrelas ou atrelando-te ao carro das ilusões.

◆

São conduzidos, respectivamente, pelo teu *ego* e pelo teu Eu.

O primeiro comanda as paixões dissolventes, gerando o reinado do egoísmo cego e pretensioso que alucina e envilece.

É herança do primarismo animal, a ser direcionado, pois que é o maior adversário do Eu.

Este é a tua individualidade cósmica, legatária do Amor de Deus que te impele para as emoções do amor e da libertação.

Sol interno, é chama na fumaça do *ego*, aguardando o momento de dissipá-la, a fim de brilhar em plenitude.

◆

O *ego* combate e tenta asfixiar o Eu. O Eu é o excelente libertador do *ego*.

◆

Sob disfarces, que são as suas estratégias de beligerância criminosa, o *ego* mente, calunia, estimula a sensualidade, fomenta a ganância, gera o ódio, a inveja, trabalha pela insensatez.

Desnudado, o Eu ama, desculpa, renuncia, humilha-se e serve sem cessar.

Jamais barganha ou dissimula os seus propósitos superiores.

◆

O *ego* ameaça a paz e se atulha com as coisas vás, na busca instável da dominação injusta.

O Eu fomenta a harmonia e despoja-se dos haveres por saber que é senhor de si mesmo, e não possuidor dos adornos destituídos de valor real.

◆

César cultivava o *ego* e marchou para a sepultura sob as honrarias que ficaram à sua borda, prosseguindo a sós conforme vivia.

Jesus desdobrou o Eu divino com que impregnou a Humanidade e, ao ser posto na cruz, despojado de tudo, prosseguiu, de braços abertos, afagando todos que ainda O buscam.

O *ego* humano deve ceder o seu lugar ao Eu cósmico, fonte inesgotável de amor e de paz.

Não cesses de lutar, nem temas a refrega.

O homem comum satisfaz-se com os fenômenos fisiológicos e os prazeres que exaurem os sentidos, sem qualquer benefício para a emoção.

Todos os seus planos e aspirações giram em torno de lucros que lhe propiciem as metas imediatas do gozo, da sensualidade.

Gozo alimentar e posse sensual; gozo no sono e sensualidade na ambição; gozo na comodidade e sensualismo na mente.

O seu intelecto se volta para o utilitarismo; e o seu sentimento, para a sensação.

O crescimento que anela é horizontal, de superfície, encontrando dificuldade para a verticalização da vida, a ascese.

✦

O homem que desperta para as experiências libertárias emerge dos sentidos opressores e ala-se.

O conhecimento torna-se-lhe uma bússola e um roteiro, enquanto o sentimento o propele à conquista das distâncias.

O prazer instala-se-lhe nas áreas profundas do ser mediante as sucessivas aquisições da renúncia, da abnegação, da identificação dos valores reais, em detrimento das inquietações provenientes dos desejos insatisfeitos.

Verticaliza a conduta e comanda o pensamento, sem vazios, físicos ou

mentais, para os conflitos que envile-
cem, atormentando o coração.

Os seus são os triunfos sobre os próprios limites.

◆

O homem comum vê, ouve e vive
conforme se apraz.

Os acontecimentos são enfocados de
acordo com as lentes dos seus interesses
pessoais.

Tudo faz para fruir sempre, desfru-
tando do maior quinhão.

O seu humor é instável, porque go-
vernado pela força da paixão egoísta.

A sua fé é acomodada, por supor que
ganhará a Vida utilizando os métodos es-
cusos em que tem posto a existência.

◆

O homem lúcido entende a finalidade para a qual foi criado por Deus e vê, ouve e vive obedecendo aos padrões exarados pelas Leis que Regem a Vida.

Proporciona os meios para que os fenômenos aconteçam – efeitos naturais das suas ações postas a serviço dos programas divinos.

É estável, porque sabe que somente lhe acontece o que o torna melhor, daí retirando a boa parte, aquela que o ajuda em qualquer ocorrência.

Crê e ama sem receio, porque a sua é uma vida fecunda.

O homem comum vive embriagado ou aturdido, ansioso ou desiludido.

O homem consciente movimenta-se em paz.

Pilatos, na horizontal do poder, lavou as mãos quanto ao destino do Justo.

Jesus, na vertical da verdade, sem nenhuma queixa submeteu-se. Erguendo-se na cruz, permanece como exemplo fecundo de união com Deus, na conquista total da Vida.

6
Ciência do bem-viver

Tranquilamente, confiante, avança, passo a passo, pelo caminho da evolução.

Não busques nem fujas dos fenômenos da existência física.

Intenta ser o controlador dos teus impulsos e sentimentos, de maneira que o insucesso não te infelicite nem o êxito te exalte.

Na paz interior descobrirás a libertação das dores, porque lograrás vencer as paixões.

Utilizando-te de uma consciência equânime, aceita as ocorrências positivas e negativas com a mesma naturalidade, sem sofreguidão nem indiferença.

◆

Mantém-te interiormente livre em qualquer circunstância, adquirindo a ciência verdadeira do viver.

◆

A ilusão fascina, mas se desvanece.

A posse agrada, porém se transfere de mãos.

O poder apaixona, entretanto transita de pessoa.

O prazer alegra, todavia é efêmero.

Momentos de meditação • 45

A glória terrestre exalta e desaparece.

O triunfador de hoje passa, mais tarde, vencido...

✦

A dor aflige, mas passa.

A carência aturde, porém um dia se preenche.

A debilidade orgânica deprime, todavia liberta da paixão.

O silêncio que entristece leva à meditação, que felicita.

A submissão aflige, entretanto engrandece e enrija o caráter.

O fracasso espezinha, ao mesmo tempo que ensina o homem a conquistar-se.

✦

Todas as situações no mundo sensorial passam, mudam de posição e de forma.

A essência da realidade, porém, permanece sempre a mesma.

Nada é definitivo na aparência.

Apenas o que tem valor intrínseco é duradouro.

Quem, espontaneamente, abstém-se dos sentidos e das exterioridades, sem mágoa nem frustração, encontrou a ciência do bem-viver.

Existem pessoas que, a pretexto de buscarem a paz espiritual, *odeiam o mundo*, literalmente, e se entregam a uma vida de desprezo a tudo e a todos, num ascetismo fanático, longe da lógica e da razão.

Algumas, embora nos mereçam respeito pelo esforço e intenção, não passam de personalidades psicopatas, que se entregam a mecanismos de fuga sob pretextos que se lhes tornam fundamentais.

Pretendem a felicidade espiritual por meio da mortificação física e creem que, no recolhimento pessoal e no isolamento, conseguirão a morte do *ego*.

Propõem-se e entregam-se à inação como meta de vida, na expectativa de uma paz que é inoperância, anulação do ser.

◆

O Espírito reencarna para evoluir e jamais para estagnar.

A reencarnação é processo de iluminação pelo trabalho, pela transformação moral.

Renascimento significa oportunidade de crescimento pelo amor e pela sabedoria.

Quem se isola reserva-se a negação da vida e o desrespeito a Deus, embora sob a justificativa de buscá-lO.

Em toda a Criação vibram em uníssono as notas ritmadas da ação que gera o progresso, e do movimento que responde pela ordem universal.

Inatividade e água estagnada guardam os miasmas da morte.

◆

No célebre diálogo entre Krishna e Arjuna, responde o Bem-aventurado ao jovem príncipe pândava, a respeito da ação, na *Bhagavad-Gita*:

— É vã quão vergonhosa a vida do homem que, vivendo neste mundo de ação, tenta abster-se da ação; que, gozando o fruto da ação do mundo ativo, não coopera, mas vive em ociosidade. Aquele que, aproveitando a volta da roda, em cada instante de sua vida, não quer pôr a mão à roda para ajudar a movê-la é parasita, e

um ladrão que toma sem dar coisa alguma em troca.

E prossegue:

– *Sábio é, porém, aquele que cumpre bem os seus deveres e executa as obras que são para fazer-se no mundo, renunciando a seus frutos, concentrado na ciência do Eu Real.*[1]

Jesus, o excelente Mestre, viveu trabalhando e exaltando o valor da ação como meio de dignificação e paz.

Dentro do mesmo enfoque, Allan Kardec estabeleceu a tríade do *trabalho, solidariedade e tolerância*, completando que só a caridade salva, por ser esta a ação do amor a serviço do homem e da Humanidade.

---

1. *Bhagavad-Gita* – Tradução de Francisco Valdomiro Lorenz. 4. ed. Editora O Pensamento (nota da autora espiritual.)

Momentos de meditação • 53

8
Conhecimento para a ação

As leis que regem a Natureza são constante apelo ao homem que sabe investigar e deseja progredir.

Qualquer transgressão em referência aos seus códigos soberanos resulta em falta que se impõe como necessidade de reparação.

Ninguém se lhes escapa.

Cada criatura age conforme a sua própria natureza, os seus atavismos espirituais, constituindo-lhe dever libertar-se dos negativos, dos primitivos, dos que o atam às expressões da sensualidade de variada gama, iniciando outras experiências que se harmonizem com a parte divina no imo adormecida.

Isso lhe ensejará a aquisição da sabedoria, emulando-o sempre ao aprimoramento do caráter.

◆

Um dos métodos eficientes para o desiderato é o do conhecimento que liberta da ignorância, do medo, do egoísmo e da avareza.

O passo imediato é a ação, o cumprimento dos deveres que enobrecem, embora se apresentem humildes e insignificantes, sem avançar o passo para realizar os labores do próximo, porque projetam a personalidade e promovem o orgulho, ou manter-se impassível diante da vida.

◆

Momentos de meditação • 57

É melhor que a desencarnação te alcance no cumprimento dos deveres do que te encontre na ociosidade dourada, na existência frívola e perfumada.

O hábito do serviço promoverá os teus valores morais, não obstante, muitas vezes faças o que não desejas e não consigas realizar o que almejas.

Isso é natural, porque resulta dos acúmulos produzidos em outras existências corporais, que criaram os condicionamentos cujo impositivo tens que arrebentar.

A esta impulsão, o desrespeito à ordem, chamas de tentação, qual nuvem que obscurece o Sol ou fumaça que se desprende da labareda.

Certamente o Sol e o fogo sobrepõem-se aos aparentes impedimentos pela força intrínseca de que se constituem.

Assim também o denodo e a intensidade das tuas aspirações elevadas vencerão esses inimigos, abrindo-te campo de realizações em programas mais felicitadores.

✦

O apóstolo Paulo, embora de elevada estirpe espiritual, sofreu a injunção de ser *tentado* a fazer o que não queria, enquanto, esforçando-se, não conseguia fazer sempre o que desejava.

Perseverando e desafiando-se, porém, superou-se de tal forma que deixou de ser ele próprio, para que o Cristo nele vivesse.

9
Arte e ciência de ajudar

A indiferença ante a dor do próximo é congelamento da emoção, que merece combate.

À medida que o homem cresce espiritualmente, mais se lhe desenvolvem no íntimo os sentimentos nobres.

Certamente não se deve confundi-los com os desregramentos da emotividade; igualmente não se pode controlá-los a ponto de tornar-se insensível.

No bruto, a indiferença é o primeiro passo para a crueldade, porta que se abre na emoção para inúmeros outros estados de primitivismo.

A indiferença coagula as expressões da fraternidade e da solidariedade, ensejando a morte do serviço beneficente.

O antídoto para esse mal, que reflete o egoísmo exacerbado, é o amor.

◆

Se não pretendes partilhar do sofrimento alheio, ao menos o minora com migalhas do que te excede.

Se não queres conviver com a dor do teu irmão, ajuda-o a tê-la diminuída com aquilo que te esteja ao alcance.

Se defrontas multidões de necessitados e não sabes como resolver o problema, auxilia o primeiro que te apareça, fazendo a tua parte.

Momentos de meditação • 63

Se te irrita a lamentação dos que choram, silencia-a com o teu contributo de amizade.

Imagina-te no lugar de algum deles e saberás o que fazer, como efeito natural do que gostarias que alguém fizesse por ti.

◆

Ninguém está seguro de nada enquanto se encontra na Terra.

A roda das ocorrências não para.

Quem hoje está no alto amanhã terá mudado de lugar, e vice-versa.

E não só por isso.

Quem aprende a abrir a mão em solidariedade termina por abrir o coração em amor.

Dá o primeiro passo, o mais difícil. Repete-o, treina os sentimentos e te adaptarás à arte e ciência de ajudar.

✦

Há quem diga que os infelizes de hoje estão expiando os erros de ontem, na injunção de carmas dolorosos. Ajudá-los seria impedir que os resgatassem.

É correto que a dor de agora procede de equívocos anteriores, porém, a indiferença dos enregelados, por sua vez, lhes está criando situações penosas para mais tarde.

Quem deve paga, é da Lei. Mas quem ama dispõe dos tesouros que, quanto mais se repartem, mais se multiplicam. É semelhante à chama que acende outros pavios e sempre faz arder, repartindo-se, sem nunca diminuir de intensidade.

Faze, pois, a tua opção de ajudar, e o mais a Deus pertence.

As Leis de Afinidade ou de Sintonia, que vigem em toda parte, respondem pela ordem e pelo equilíbrio universal.

Pequena alteração para mais ou para menos, entre os fenômenos do eletromagnetismo e as forças da gravitação universal, tornaria as estrelas gigantes azuis ou pequenos astros vermelhos perdidos no caos.

Transferidas para a ordem moral, as Leis de Afinidade promovem os acontecimentos vinculando os indivíduos uns aos outros, de forma que o intercâmbio seja automático, natural.

◆

Mentes especializadas mais facilmente se buscam, em razão do entendimento e interesse que as dominam na mesma faixa de necessidade.

Sentimentos viciosos encontram ressonância em caracteres morais equivalentes, produzindo resultados idênticos.

◆

O homem colérico sempre encontrará motivo para a irritação, assim como a pessoa dócil com facilidade identifica as razões para desculpar e entender.

◆

Há uma inevitável atração entre personalidades de gostos e objetivos semelhantes, como repulsa em meio àqueles que transitam em faixas de valores que se opõem.

◆

Na área psíquica, o fenômeno é idêntico.

Cada mente irradia-se em campo próprio, identificando-se com aquelas que aí se expandem.

O psiquismo é o responsável pelos fenômenos físicos e emocionais do ser humano.

Conforme a expansão das ideias, vincula-se a outras mentes e atua na própria organização fisiológica em que se apoia, produzindo manifestações equivalentes à onda emitida.

Assim, os pensamentos positivos e superiores geram reações salutares, tanto quanto aqueloutros de natureza perturbadora e destrutiva produzem desarmonia e insatisfação.

✦

No campo das expressões morais, o fenômeno prossegue com as mesmas características.

Os semelhantes comportamentos entre os homens e os Espíritos jungem-se, impondo-lhes interdependência de consequências imprevisíveis.

Se possuem um teor elevado, idealista, impelem os seres encarnados quão desencarnados a realizações santificantes, enquanto os de caráter vulgar facultam intercâmbio obsessivo ou tipificado pela burla, mentira, insanidade...

Momentos de meditação • 71

✦

É, portanto, inevitável afirmar-se que as qualidades morais do médium são de alta importância para o salutar intercâmbio entre os homens e os Espíritos.

Somente as Entidades inferiores se apresentam por intermédio dos médiuns vulgares, insatisfeitos, imorais...

Os mentores, como é natural, sintonizam com aqueles que se esforçam por melhorar-se, empenhados na sua transformação moral, que combatem as más inclinações e insistem para vencer o egoísmo, o orgulho, esses cânceres da alma que produzem terríveis metástases na conduta do indivíduo.

✦

Pode-se e deve-se, pois, examinar o valor e a qualidade das comunicações espirituais, tendo-se em conta o caráter moral do médium, seu comportamento, sua vida.

◆

Jesus, o excelente Médium de Deus, demonstrou a grandeza da Sua perfeita identificação com o Pensamento Divino, através da esplêndida pureza e elevação que O caracterizavam.

11
O significado da vida

Na grande mole humana, cada pessoa dá à vida um significado especial.

Esta objetiva a aquisição da cultura; essa busca o destaque social; aquela anela pela fortuna; estoutra demanda o patamar da glória...

Uma quer a projeção pessoal; outra anseia pela construção de uma família ditosa, cada qual se empenhando mais afanosamente para atingir o que estabelece como condição de meta essencial.

Tal planificação, que varia de indivíduo para indivíduo, termina por estimular à luta, à competição insana, ao desespero.

Conseguido, porém, o que significou como ideal, ou reprograma o destino ou tomba em frustração, descobrindo-se irrealizado ou vítima de saturação do que haja conseguido, sem plenificar-se interiormente.

◆

A vida, entretanto, possui um significado especial que reside no autodescobrimento do homem, que passa a valorizar o que é ou não importante no seu peregrinar evolutivo.

Este desafio se torna individual, unindo, sem embargo, no futuro, os seres numa única família, que entrelaça os ideais em sintonia perfeita com a energia que emana de Deus e é o *élan* vitalizador da vida.

◆

Os meios da tua sobrevivência orgânica emulam-te para avançar ao encontro da finalidade da existência.

O azeite sustenta a chama, porém a finalidade desta não é crepitar, mas derramar luz e aquecer.

Enquanto não te empenhes, realmente, na busca da tua realidade espiritual, seguirás inseguro, instável, sem plena satisfação.

◆

Todas as aquisições que exaltam o *ego* terminam por entediar.

A maneira mais eficiente para o cometimento do real significado da vida é a experiência do amor.

Amor que doa e liberta.

Amor que renuncia e faz feliz.

Amor que edifica, espalhando esperança e bênçãos.

Amor que sustenta vidas e favorece ideais de enobrecimento.

Amor que apazígua quem o sente e dulcifica aquele a quem se doa.

◆

O amor é conquista muito pessoal, que necessita do combustível da disciplina mental e da ternura do sentimento para expandir-se.

◆

O significado essencial da vida repousa, pois, no esforço que cada criatura deve encetar para anular as paixões dissolventes, colocando nos seus espaços emocionais o Divino Hálito, o Amor que se origina em Deus.

Anotas, entristecido, que parece haver uma conspiração infeliz contra os teus propósitos elevados de realização interior.

Observas, surpreso, que ao estabeleceres propósitos de dignificação moral, surgem impedimentos soezes que, não poucas vezes, arrojam-te a situações lamentáveis.

Concluis, desencantado, que os teus labores idealistas, que te servem de base para mais altos voos, são torpedeados, vilmente, por amigos, empurrando-te para situações conflitantes entre o a que aspiras e o que realizas.

Constatas, dorido, que a redenção pessoal e as conquistas libertadoras custam alto preço de renúncia e esforço, não bastassem os convites à vulgaridade e às permissões para o delito, que se multiplicam, assustadoramente.

◆

O homem empenhou-se em conquistar as alturas e saiu da Terra; em penetrar nas águas abissais dos oceanos e ora resgata os tesouros que ali dormem sono secular, descobrindo também a flora e a fauna multimilenárias, que jaziam desconhecidas; em decifrar o *milagre* da organização celular e penetrou nas moléculas que a constituem; em ligar ilhas a continentes e aterrou as regiões que as separavam; em combater as moléstias e logrou detectar considerável número de bactérias, vírus e micróbios adversários dos organismos saudáveis; em equilibrar o relacionamento social e pôde estabelecer leis, nem sempre respeitadas; em comunicar-se com os demais indivíduos em pontos diferentes do globo e aperfeiçoou o sistema da informática; em transformar a face do planeta e ei-lo modificando a ecologia, alterando a paisagem nos desertos que se convertem em pomares, nas florestas que se tornam regiões desérticas, nos rios e mares que morrem lentamente...

Todavia, são poucos os que se empenham em descobrir-se a si mesmos e lutar em favor da plena realização.

Esta é a tarefa superior à qual todos nos devemos dedicar com o maior empenho, a fim de fruir de paz, passo inicial para a aquisição da felicidade.

Não te permeies com os fluidos deletérios dos enfermos psíquicos, ingratos e perniciosos, que vivem contigo e te buscam perturbar.

Tem-nos na conta em que se encontram e exercita paciência para com eles.

Não te aflijas em face das acusações insensatas e despeitadas que outros te fazem, ante a impossibilidade de alcançarem-te e caminharem ao teu lado.

A tua vitória não pode ser perturbada pelas insignificâncias do caminho.

Não revides as agressões mentais com que investem contra ti.

Permanece em calma e amortece o dardo que dispararam, fazendo-o desagregar-se ao atingir o algodão da tua sensibilidade.

Não reivindiques compreensão nunca.

Momentos de meditação • 85

Quem alcança as alturas vê melhor e tem o dever de desculpar aqueles que ainda estão no vale em sombras.

A tua paz é de relevância e para mantê-la investe os teus valores mais altos.

Paz é conquista interior.

Paz é iluminação interna.

Paz é presença divina no indivíduo.

Resguarda-te, pois, em paz e deixa o tempo transcorrer, porquanto ele conseguirá fazer amanhã o que hoje te parece impossível conseguir.

Jesus, na montanha das Bem-aventuranças, ou no Getsêmani, ou no Gólgota, manteve a mesma paz, em razão da certeza de saber que Deus estava com Ele, e, por consequência, Ele estava com Deus.

Paz é Deus na mente e no coração.

13

Questão de consciência

A consciência da culpa torna-se azorrague de lamentável aflição para quem delinque, constituindo presença indesejável na vida irregular.

Todos os homens com mediana capacidade de discernimento sabem como se devem conduzir e quais os mecanismos corretos de que se podem utilizar, a fim de lobrigarem êxito nos tentames de uma existência sadia.

O erro, que é fator para a aprendizagem, ensinando a melhor metodologia para a fixação do acerto, na área do comportamento moral, assume papel preponderante, gerando consequências de breve ou longo curso, conforme a ação negativa desencadeada.

◆

Na Terra, em face dos compromissos ético-sociais que impõem a aparência, não raro em detrimento da realidade, aquela exige que os indivíduos se permitam duas condutas: a que se aceita e aquela que se vive na intimidade do ser.

Tal atitude desencadeia distúrbios emocionais que se transformam em processos de alienação mental e comportamental infelizes.

Não suportando a carga da dicotomia emocional que se impõe, o indivíduo *foge* pelos episódios neuróticos, jugulando-se a patologias que o tempo agrava, caso não se permita a necessária terapia e a mudança de ação moral.

◆

Fora do corpo, a questão da consciência da culpa assume proporções mais graves, tomando aspectos mais infelizes.

A impossibilidade que experimenta o culpado de dissimular o delito, e a presença da sua vítima inocente, que o não acusa em momento nenhum, quando é nobre e elevada, tornam-se-lhe um tormento inominável.

Se, todavia, estagia no mesmo padrão de conduta e é incapaz de compreender e perdoar, ei-la transformada em cobrador implacável, iniciando-se o processo de obsessão cruel, que se alongará na carne futura que o calceta busca a fim de esquecer e reabilitar-se...

Age corretamente sempre.

Não te anestesies com os vapores do erro moral ou de qualquer outra procedência.

Sofre hoje a falta, de modo a não padeceres longamente, mais tarde, o que usaste de forma indevida.

O júbilo de poucos momentos não vale o remorso de muito tempo.

Felicidade sem renúncia é capricho dourado que se converte em pesadelo.

Tudo passa!

Eis que o tempo, na sucessão das horas, conceder-te-á em paz o que agora te falta, durante o conflito.

Tem paciência e persevera no bem, na retidão.

✦

As Leis de Deus encontram-se registradas na consciência humana, para que saibamos como agir, para que agir e por que agir sempre de maneira melhor para todos.

Assim, não te comprometas com o mal, o crime, o vício, liberando-te da culpa por antecipação.

Tal atitude será, na tua felicidade, uma questão de consciência.

Só há um Deus, Único e Verdadeiro, Causa Incausada do Universo.

Sustenta a vida e se expressa em toda parte, não se humanizando jamais.

A condição de humanidade é via de ascese aos Cimos Gloriosos, de que Ele não necessita.

Inacessível ao entendimento da criatura, por ser o Todo que jamais se fragmenta, é o Incomparável Pensamento gerador de tudo.

Onipresente e onipotente, encontra-se em toda parte, qual *força* aglutinadora de

moléculas, e qualquer tentativa de com-
preendê-lO, como de defini-lO, representa
uma forma de limitá-lO, tirando-Lhe a
grandeza inimaginável.

Por isso, o culto que Lhe devemos há
que ser em *espírito e verdade*, respeito e
amor, não pronunciando o Seu nome
vãmente, mesmo a pretexto de fixar o
pensamento na Sua realidade.

◆

Notícias mitológicas afirmam que
aquele que desencarna, chamando-Lhe
pelo nome, emancipa-se do jugo das
reencarnações...

Fantasias religiosas asseveram que
morrer, neste ou naquele lugar sagrado,
é suficiente para ganhar-Lhe a graça e ser
perpetuamente feliz...

Se assim fora, quão grave seria a Sua injustiça em relação aos que se tornam vítimas de paralisia e demência, ou se encontram em pontos distantes dos sítios privilegiados por Ele ali colocados!

O Amor transcendente de Deus alcança igualitariamente todas as Suas criaturas, de alguma forma manifestação d'Ele próprio.

◆

Algumas culturas orientais, ricas de lenda e ingenuidade, informam que periodicamente Deus toma forma humana para ajudar os homens a crescerem, a reformularem os hábitos doentios, a moralizarem-se, como se fora necessário, para tanto, medida simples de tal porte.

Seus embaixadores aparecem e ressurgem em todos os lugares, seja Krishna ou Buda, Moisés ou Zoroastro, Lao-Tsé, Hermes Trismegisto ou Maomé, Sócrates ou Agostinho, Lutero ou Allan Kardec, entre outros inumeráveis... Todavia, superando-os em pureza e abnegação, veio Jesus de Nazaré ensiná-lO aos homens e vivê-lO como jamais qualquer um o houvera feito ou venha a fazê-lo.

◆

Não te impressiones com aqueles que se dizem *manifestação divina*, o próprio Deus em *carne e osso* nas sombras da Terra...

Respeita-os como missionários que são, emocional e culturalmente próprios para os países onde renascem com objetivos nobres e superiores.

Ouve-lhes as mensagens, no entanto observa se unem as palavras aos atos, se são simples, bons e misericordiosos, tolerantes e caridosos, abnegados até a morte e pacientes, demonstrando sua sabedoria e evolução.

✦

Sê grato a Deus por colocar-te próximo a esses Espíritos missionários.

Jamais os adores ou anules o teu pensamento sob a indução deles.

Raciocina e logica.

Teus irmãos, mais adiantados que são, convidam-te à reflexão e ao progresso.

Tem em conta que, acima de todos eles, conheces Jesus, que se sacrificou e apenas te pede que ames e ames, fazendo da tua vida um *Evangelho de feitos* para o teu e o bem da Humanidade da qual és membro.

15
Como seguirás

A tua escala de valores necessita de uma avaliação.

Depositas muita importância em moedas e gemas preciosas, telas famosas e tapetes especiais, prataria e cristais... E mesmo quando o alento da fé te bafeja o coração, buscas doutrinas exóticas e comportamentos alienantes, empreendendo viagens que te levam à presença de personalidades estranhas ou carismáticas.

Acalmas-te por um momento e já noutro retornam a incerteza e a insatisfação.

A ânsia de querer mais e o veemente desejo de abarcar tudo te exaurem os nervos, e o equilíbrio bate em retirada.

✦

Os tesouros valem o preço que lhes atribuis. Nenhum deles preenche o espaço da saudade de um ser amado ou traz o amor legítimo de alguém ao coração solitário.

No deserto ardente ou numa ilha solitária, não te propiciam uma gota de água ou uma migalha de pão.

O conhecimento sem disciplina mental igualmente se faz instrumento de perturbação e instabilidade.

As várias teorias, díspares e conflitantes entre si, aturdem a razão.

✦

Toda busca da Verdade, para legitimar-se, deve ser fundamentada na paz.

A pressa responde pela imperfeição de qualquer obra, quanto a indolência pela demora da realização.

Acalma-te, dá ritmo equilibrado aos teus interesses e encontrarás o *filão* de *ouro* que te conduzirá à felicidade.

◆

Jesus já veio ter contigo e deixou-te precioso legado, que ainda não conheces.

Ao Mahatma Gandhi bastou o *Sermão da Montanha* para completar-lhe a preciosa e missionária existência de homem de fé e ação.

Já o leste, meditando e aplicando-lhe os conceitos no dia a dia?

Reavalia, pois, a tua existência, porque talvez, sem aviso prévio, a morte chegue à tua porta e, sem pedir licença, informe que está na hora do retorno.

Como seguirás?

16
Necessidades reais

Onde situes os teus interesses, em torno deles circularão as tuas necessidades.

Onde tenhas o pensamento, ali porás a emoção.

Indispensável repensar as aspirações de maneira a fixar apenas aquelas que trabalham para a tua realização profunda.

◆

A ambição conduz ao tresvario.

A avareza leva à mesquinharia.

A sensualidade brutaliza.

A indolência entorpece os sentimentos.

A gula desajusta a máquina orgânica.

O egoísmo encarcera o ser.

O orgulho envenena o homem.

O vício destrambelha os equipamentos do corpo e da alma.

O ódio enlouquece a criatura.

O ciúme deforma a visão da realidade.

◆

O que mais anelas e pensas corporifica-se e passa a dominar-te interiormente.

Tens um compromisso com a vida, assim como esta dispõe de uma tarefa para ti.

Ausculta as tuas necessidades reais e olha em derredor.

Possuis mais do que precisas, enquanto muitos carecem mais do que dispõem.

Momentos de meditação • 107

Não apenas em recursos materiais, mas também em conhecimentos, educação, discernimento, capacidade de serviço, razão...

◆

Há no mundo mais escassez de paz do que de pão.

Há mais solidão do que companheirismo.

Faltam mais os valores morais do que os bens materiais.

Estes últimos são os efeitos infelizes dos primeiros.

...E porque são escassas a equanimidade e a justiça, abundam a miséria e a ignorância.

◆

Não postergues indefinidamente o teu momento de entrega, de pôr-te em relação com o melhor tesouro, pois onde o depositares, *aí estará o teu coração*, conforme acentuou Jesus, facultando-te ou não felicidade.

17
Permanece confiante

Onde te encontras, com o que tens, através do que sabes, dispões dos valores essenciais para o teu crescimento espiritual.

A Divina Sabedoria coloca o aprendiz no lugar mais rico de experiências para a sua realização.

Quando estás em condições, podes ler os mais belos textos de sabedoria no livro aberto da Vida.

Se não logras adaptar-te à situação em que estagias, mui dificilmente galgarás o próximo degrau de discernimento espiritual.

◆

Não fujas das injunções evolutivas que se apresentam com roupagens de dificuldade, limite ou dor.

Para onde te transfiras, seguirás o teu destino, aquele que programaste através das reencarnações passadas.

O que aqui não consigas, adiante, passado o entusiasmo da novidade, não possuirás.

Deus te ama em todo e qualquer lugar e sabe o que é de melhor para ti.

◆

Nem aceitação estática daquilo que denominas infortúnio, nem exaltação do que chamas conquista.

A vida possui uma dinâmica natural, um ritmo que deves aplicar nas tuas aspirações, acontecimentos e programas.

Age, pois, sempre da forma que te brinde maior quota de paz e de experiências possíveis.

◆

"Pedra que rola não cria limo", afirma o brocardo popular. Da mesma forma, a instabilidade íntima, que te leva a constantes mudanças, não te permitirá fixação em coisa alguma, tampouco realização profunda.

Concede-te o tempo de semear, germinar, crescer, enflorescer e dar frutos.

Não tenhas pressa injustificável.

O trabalho de burilamento é íntimo.

A aquisição de conhecimento é tranquila.

A plenitude do amor é lenta.

✦

As alternativas do mundo são todas transitórias.

As concessões do Cristo são permanentes.

Transitando, sofregamente, poderás reunir o que deixarás com a morte do corpo.

Harmonizando-te e perseverando, porém, conseguirás ser o que nada te poderá usurpar.

Enquanto te fixas nos acontecimentos de ontem, perdes os belos amanheceres que hoje começam e se prolongarão indefinidamente.

Quem ama e aspira à felicidade não se detém no passado, utilizando-se das suas lições para crescer no futuro.

◆

A base do edifício permanece ignorada e é o elemento principal da sua segurança.

A raiz escondida no solo sustenta a gigantesca sequoia.

◆

Novas ideias para o porvir, assim como deveres novos devem constituir-te estímulo para o prosseguimento da marcha.

Existe em ti um depósito de valores desconhecidos que esperam ocasião para serem postos a serviço.

◆

Elimina hábitos censuráveis.

Corrige comportamentos perniciosos.

Supera sofrimentos injustificáveis.

Caminha com passo firme na direção da meta.

Fracasso aparente é o ensinamento de como não se deve tentar a realização.

Momentos de meditação • 119

Perturbação representa apelo à harmonia.

Põe ordem em tua vida.

✦

Ontem a tempestade danificou a tua seara.

Hoje se recupera o solo encharcado.

Amanhã estarão cobertos de flores e de frutos, o jardim e o pomar.

✦

No momento máximo do desespero, confia no porvir.

O desengano deste momento faculta ensejo para a confiança porvindoura.

Sempre há tempo para refazer e recomeçar.

Não te demores, portanto, fitando o ontem, enquanto desperdiças o prazer superior de hoje com as alegrias que chegarão amanhã.

A paixão é reminiscência da natureza animal predominante no homem.

Leva-o a tormentos inimagináveis, escravizando-o e dilacerando-lhe os sentimentos mais nobres.

Irrompe violenta, qual temporal imprevisto, devastando e consumindo tudo quanto se lhe antepõe ao avanço.

Desafiadora, ensandece e fulmina quem lhe padece a injunção, deixando sempre destroços, quer chegue ao ponto de destino, quer seja interrompida a golpe de violência equivalente.

Ela é a alma dos desejos incontrolados, vestígio do instinto que a razão deve conduzir.

Nesse estágio de primarismo, é o maior inimigo do homem, porque o asselvaja e domina.

Canalizada pela vontade disciplinada para objetivos elevados, transforma-se em força motriz que dá vida ao herói, resistência ao mártir, asas ao anjo, beleza ao artista e glória ao lutador.

◆

Domina os teus sentidos mais grosseiros, corrigindo as más inclinações sob o comando da razão fixada em metas elevadas.

Transforma o fogo devorador que te consome em força que produza para o benefício geral.

Uma chispa descuidada ateia incêndio voraz, destruidor, enquanto as labaredas voluptuosas, sob controle, fundem e purificam os metais para fins úteis.

✦

Considera a paixão de Alarico, o conquistador impiedoso, e a de Agostinho, o libertador, seu contemporâneo...

Recorda a paixão de Nero, o dominador arbitrário, e a de Sêneca, seu mestre-escravo, a quem ele mandou matar.

A paixão de Herodes pelo trono e a de Jesus pela Verdade possuíam a mesma intensidade, somente que a canalização das suas forças era dirigida em sentidos opostos.

20
Oração de intercessão

A oração intercessora em favor dos que sofrem constitui sempre uma contribuição valiosa para aquele a quem é dirigida.

Não resolve o problema nem retira a aflição, que constituem recurso de reeducação; todavia, suaviza a aspereza da prova e inspira o calceta, auxiliando-o a atenuar os golpes do próprio infortúnio.

Ademais, acalma e dulcifica aquele que ora, por elevá-lo às Regiões Superiores, onde haure as emoções transcendentais que lhe alteram para melhor as disposições íntimas.

A oração é sempre um bálsamo para a alma, que se torna medicação para os equipamentos fisiológicos.

A emissão do pensamento em prece canaliza forças vivas em direção do objetivo almejado, terminando por alterar a constituição de que se reveste o ser.

Quem ora encontra-se, porque sintoniza com a ideia divina em faixas de sutis vibrações, inabituais nas esferas mais densas.

Dirigida aos enfermos, estimula-lhes os centros atingidos pela doença, restaurando o equilíbrio das células e recompondo o quadro, que o paciente deve preservar.

Projetada no rumo do atormentado, alcança-o e acalma-o, desde que este se

Momentos de meditação • 129

encontre receptivo, como é fácil de compreender-se. E mesmo que ele não sintonize com a onda benéfica que o alcança, não deixará de receber-lhe o conteúdo vibratório.

Alguém que se recusa à luz solar, mesmo assim é bafejado pela sua radiação e pelas ondas preservadoras da saúde e da vida.

A oração propicia equivalentes resultados salutares.

◆

A oração pelos mortos constitui valioso contributo de amor por eles, demonstração de ternura e recurso de caridade inestimável.

Semelhante a *telefonema* coloquial, a rogativa lhes chega ungida de afeto que os sensibiliza, e o conteúdo emocional os desperta para as aspirações mais elevadas, que passam a plenificá-los.

Além disso, pelo processo natural de sintonia com as Fontes Geradoras da Vida, aumenta o potencial que se derrama, vigoroso, sobre os destinatários, ensejando-lhes abrir-se à ajuda que verte do Pai na sua direção.

Deve-se orar no lar, sem qualquer perigo de atrair-se para o recinto doméstico o Espírito mentalizado, sendo que, pelo contrário, se este permanece, aturdido ou perturbado, junto à família, libera-se ou vai recambiado para hospitais e recintos próprios do Além, onde se restabelece e se equilibra.

◆

Demonstra o teu amor pelos desencarnados, orando por eles, recordando-os com afeto e mantendo na mente as cenas felizes que com eles viveste.

Evita as evocações dolorosas, que os farão sofrer ao impacto da tua mente neles fixada.

Reveste o teu impulso oracional com os reais desejos de felicidade para eles, que se reconfortarão, por sua vez, bendizendo-te o gesto e o sentimento.

◆

Ninguém que esteja degredado para sempre. Portanto, todos aguardam intercessão, socorro, oportunidade liberativa.

Ora, pois, quanto possas, pelos que sofrem, pelos que partiram da Terra, igualmente por ti mesmo, repletando-te da paz que deflui do ato de comungar com Deus.